AF395314

1831. 24 Juill. — 16 Sept. R. 1—8.

24424

Numéro 1er.   21 Juillet.

L'ANTI-NÉMÉSIS,

REVUE POLÉMIQUE HEBDOMADAIRE,

ET

LE BOUQUET DU PARNASSE,

MÉLANGE DE POÉSIES LÉGÈRES;

PAR P. JACOMY.

Utile dulci.
La politique et l'Amour.

Prix de l'Abonnement :

A PARIS.			EN PROVINCE.		
Un an. . .	48 f.	» c.	Un an. . .	51 f.	» c.
Six mois. .	24	»	Six mois. .	25	50
Trois mois.	12	»	Trois mois.	12	75

L'ANTI-NÉMÉSIS PARAÎT TOUS LES JEUDI.

1 FR. LA LIVRAISON.

ON S'ABONNE :

AU BUREAU DE L'ANTI-NÉMÉSIS,

RUE DES ENFANS-ROUGES, N° 10, PRÈS LE PALAIS DU TEMPLE;

AU PALAIS-ROYAL, ET CHEZ LES PRINCIPAUX LIBRAIRES DE PARIS.

1831.

L'Anti-Némésis.

L'Anti-Némésis, Revue des questions et des événemens politiques de la semaine, vient se joindre aux soutiens de l'ordre et de la liberté, telle que les électeurs viennent de la comprendre.

L'Anti-Némésis attaquera les systèmes et les choses, mais respectera les personnes.

Le Bouquet Poétique.

Quoique la politique soit aujourd'hui du goût de presque tout le monde, il est cependant des lecteurs et surtout des lectrices qui aiment encore la mélancolie de la romance, la gaîté du vaudeville, la tristesse de l'élégie et les images de la poésie descriptive. C'est pour me conformer au goût de ces derniers, qu'à la suite de l'Anti-Némésis je publie le *Bouquet du Parnasse*, mélange d'idyles, de madrigaux, de chansons badines et guerrières, d'odes anacréontiques, etc.

Chaque livraison renfermera de quatre à six cents vers, et je n'aurai point de collaborateurs; mes vingt-cinq ans me permettent de longues veilles.

L'ANTI-NÉMÉSIS,

REVUE POLÉMIQUE HEBDOMADAIRE.

Prospectus.

ME voici. C'est en vain qu'une lâche prudence,
M'appelant insensé, veut m'imposer silence :
Mon cœur plus courageux me dit *parle,* et je viens,
Liberté, me placer parmi tes vrais soutiens....
Me voici ; car j'entends des voix audacieuses
Appeler les Français dans des routes trompeuses :
Me voici ; car je vois des complots criminels
De l'ordre et de la paix miner les saints autels...
   Ils ont dit : « Nous avons de nouvelles entraves :
» Les vainqueurs de juillet redeviennent esclaves...
» Cette marche timide est une trahison :
» Des sermens violés nous demandons raison...
» O honte ! l'étranger, méprisant nos menaces,
» Sur le *Tibre* et le *Pô* vient d'effacer nos traces !
» O honte ! nous voyons la Pologne mourir,
» Et nous restons muets à son dernier soupir !
» O honte ! la *Colonne,* éternel mausolée,
» Attendra vainement la grande ombre exilée !... »

Voilà votre langage, hommes du mouvement...
Pourquoi ces longs détours? parlez plus franchement.
Dites, dites plutôt que, dût votre patrie
Tomber dans les horreurs d'une longue anarchie,
Il vous faut, à tout prix, faire sur les Français
De nos rêves d'hier les orgueilleux essais...

Utopistes d'un jour, le vain charlatanisme
Un instant peut paraître un vrai patriotisme;
Mais vous soutenez mal vos rôles imposteurs,
Et, sous les faux-semblans de hardis novateurs,
Nous avons entrevu des rêveurs égoïstes,
Des frondeurs par état, des juges pessimistes,
Et des ambitieux dont la fatuité
Les remplit de la soif de la célébrité,
Dût-elle ressembler à celle d'Érostrate.

Grands conseillers du jour, la France est bien ingrate
D'apprécier si mal vos généreux desseins,
Elle qui, loin d'oser vous livrer ses destins;
Elle qui se montrant à vos discours rebelle,
Craint jusques à l'amour que vous avez pour elle...

Vous n'avez qu'une idole, et nous en avons deux :
L'ordre et la liberté reçoivent seuls nos vœux.
Une liberté seule est par vous encensée ;
Mais cette liberté téméraire, insensée,
Et voulant dévorer l'avenir dans un jour
N'est pas la déité qu'invoque notre amour...

De notre liberté la marche est modérée ;
Mais, comme de ses pas la pose est assurée!...
Quand aujourd'hui sa main sème pour l'avenir,
On ne la verra pas demain vouloir cueillir
Des fruits à l'arbrisseau qu'elle a planté la veille...
Parfois elle repose et jamais ne sommeille.

Toujours son œil de lynx est ouvert sur les rois
Et sur les ennemis du bon ordre et des lois...
Elle ne porte point un cœur pusillanime,
Pourtant, quand devant elle il s'entr'ouvre un abîme,
Avant de le franchir elle veut le combler...
Les obstacles jamais ne la font reculer,
Mais sa marche parfois peut-être suspendue...
Elle a l'âge du monde et sa force inconnue
S'accroît avec les ans : c'est comme la raison.
O liberté, le sang ne souille point ton nom...
Tu brises des autels, des trônes et des têtes,
Quand en rompant tes fers, au loin tu les rejettes ;
Mais ce sang, ces débris du plus juste courroux
Ne sont pas ton ouvrage... ils n'accusent que vous,
Prêtres, rois absolus, et toi, vile licence...

Voilà la liberté comme l'aime la France,
Comme elle la possède et la veut soutenir ;
Toute autre liberté d'horreur la fait frémir.

Vous, donc, qui vous créez sans mandat et sans titres,
Défenseurs de nos droits, de nos destins arbitres ;
Que voulez-vous ?... La France, infidèles échos,
N'a pas encor besoin de semblables héraults...
Seule, elle saura bien appeler l'espérance ;
Mais ses souhaits seront remplis de confiance
Et vous osez l'écrire aux yeux de l'univers !...
Les vainqueurs de juillet ont pris de nouveaux fers !...
Quel talent étouffé, quelle vertu proscrite,
Quel accès des honneurs interdit au mérite ;
Quel supplice faisant taire la vérité
Vous font prendre le deuil de notre liberté ?...
Voulez-vous que les lois, dans un lâche silence,
Laissent à ses écarts se livrer la licence ?

Et, quand des citoyens, fatigués du repos,
Contre l'ordre et la paix méditent des complots,
Voulez-vous que Thémis, coupablement tranquille,
Laisse se reposer sa balance inutile?
Autant que vous, moi, j'ai l'esprit national :
Je trouverais aussi le fouet de Juvénal,
Si le glaive jamais devenait la justice,
Si la loi le cédait jamais au bon caprice ;
Mais, quand un *Tite* aspire à faire des heureux,
Et qu'il voit noblement seconder tous ses vœux ;
Par quel égarement, que je ne puis comprendre,
Vos insolentes voix ne font-elles entendre
Que les sons bilieux du mécontentement?...
— « Des institutions que promit un serment!... »
Moi, je les veux aussi, mais mon impatience
Sait donner un instant à la reconnaissance...
Dans un jour vers le mal on fait bien des progrès :
Pour retourner au bien il faut plus de degrés...
Ne vous souvient-il plus de cette tyrannie,
Qui nous fit à longs traits boire l'ignominie,
Qui nous fit si long-temps payer de nos trésors
L'esclavage au-dedans et la honte au-dehors?
Moi, je voudrais aussi voir élargir l'enceinte
Du temple interminé de la Liberté sainte,
Je voudrais aussi voir son dôme fastueux
Par de nouveaux degrés se rapprocher des cieux ;
Je sais bien qu'au-dedans trop de colonnes manquent,
Que de trop peu d'appuis ses murailles se flanquent,
Mais qui put en entier dans un an rebâtir
Un temple qu'on a mis trente ans à démolir?
Eh bien! si nous voilà sans bonheur et sans gloire,
Perdus dans le présent et flétris dans l'histoire,

Me direz-vous pourquoi tant de peuples jaloux
N'attendent qu'un signal pour se donner à nous?...
Les peuples!... par ce mot vous allez me répondre :
Par ce mot accablant vous allez me confondre...
« Les peuples, direz-vous!... nous les avons trahis!
« Nous les avons perdus!..»Et qu'avions-nous promis?..
Du Tibre à la Vistule et du Dniéper au Tage,
Devions-nous donc aller pourchasser l'esclavage?
Fallait-il donc courir, vrais chevaliers errans,
Dans l'univers entier pourfendre les tyrans?...
Oui certes, je le sais, tous les peuples sont frères,
Mais leur sang, mais leur or ne sont point solidaires...
Oui je voudrais sentir non pas de la pitié,
Mais la part du bonheur, l'orgueil de l'amitié
Pour les peuples brisant les fers de l'esclavage;
Mais, contens de donner l'exemple du courage,
Nous n'avons jamais dû refranger nos drapeaux,
Pour l'Espagnol dormant aux chants de ses bourreaux,
Pour les Italiens qui, combattant des Rhètes,
Auraient dû plus nombreux se chercher des retraites
Dans les tombeaux sacrés de Dèce et de Brutus...
Toi, notre illustre sœur, notre égale en vertus,
Nation polonaise, hydre victorieuse,
A chaque coup reçu devenant plus nombreuse,
Non, non, tu n'aurais pas manqué de prompts vengeurs,
Si nos bras eussent pu, vers toi suivant nos cœurs,
Franchir à vol d'oiseau les plaines germaniques...
    Pourtant nous pouvons plus que des vœux sympathiques!
Attendez, attendez, peuples qui murmurez...
Nous ne vous devons rien... cependant espérez!
Espérez; mais au moins respectez le mystère
Des efforts que la France en ce moment peut faire,

Pour chasser loin de vous le nuage sanglant
Qui de la liberté cache l'astre brillant...
Espérez !... nous voulons que tout peuple soit libre,
Aux bords de la Néva, comme aux rives du Tibre ;
Mais avant de frapper nous voulons conseiller,
Et donner à vos rois le temps de calculer
Combien pourraient peser, unis dans la balance,
Avec votre courroux, le courroux de la France...
    Mais je reviens à vous, censeurs sans mission,
Despotes qui croyez régir l'opinion ;
Croyez-moi, déposez un orgueil ridicule :
Ils ne sont plus les jours où la France crédule,
Avide d'avenir et lasse du repos,
Croyait voir son bonheur placé dans de vains mots...
Au lieu de fomenter ces haines intestines,
Au lieu de propager ces trompeuses doctrines,
Au lieu de diviser et d'aigrir tous les cœurs,
Venez plutôt, venez, sages médiateurs,
Entre tous les partis rétablir l'harmonie,
Par vos heureux efforts consolez la patrie,
Et que les camps rivaux, mais faits pour se chérir,
D'un passé plein d'erreur perdant le souvenir,
S'embrassent !.. de bonheur que la France applaudisse !..
Désespéré, tremblant, que l'étranger frémisse !...
Pour moi, du peuple aussi je défendrai les droits,
Mais je lui parlerai du saint respect des lois,
De l'ordre ranimant les sources du commerce
Et de l'illusion de l'espoir qui le berce...
L'on ne me verra pas, prêtre caméléon,
Encenser à la fois Gracque et Napoléon,
Sur un autel commun placer la tyrannie
Et le marbre sanglant de la démocratie...

Indifférent aux mots consuls, présidens, rois,
J'ai, pour maître, celui dont le peuple a fait choix.
Soumis, reconnaissant, je l'aime et le révère,
Tant que de ses sujets il se montre le père;
Mais, s'il trompait un jour un légitime espoir,
Si jamais il osait abuser du pouvoir,
Dans le grand souverain j'aurais mon espérance,
Dans le peuple parlant du haut de sa puissance...
    Ne croyez pourtant pas que, tribun effronté,
Du peuple j'ose voir la souveraineté
Dans ces hordes hurlant sur les places publiques,
Leurs bachiques fureurs et leurs vœux anarchiques...
Sur son *forum* légal, mon peuple souverain,
Apparaît un seul jour maître de son destin :
Il apparaît, tenant sa boule électorale,
Dirigeant à son gré la volonté royale,
Et dès le lendemain, redevenu sujet,
Il reconnaît un maître, obéit et se tait...
Voilà ma politique... orateur démagogue,
Théoricien flatteur, phraseur idéologue;
Moi, je pourrais aussi tirer de mon cerveau
Quelque système creux, mais brillant et nouveau...
Loin de moi ces pensers! lorsque ma conscience
Croit voir réaliser sur notre belle France
Les rêves que faisait ma raison sans espoir,
Lorsque pesait sur nous un injuste pouvoir...
    Ici vous m'appelez timide doctrinaire,
Et d'un siècle au galop traînard retardataire...
Oui, si vous entendez comme moi, par ces mots :
« Prêtre de l'union, partisan du repos; »
Je le suis... Mes écrits sauront bien me défendre,
Si vous voulez par-là seulement faire entendre

Que de la liberté je suis un déserteur,
Qu'au pouvoir j'ai vendu ma lyre et mon honneur,
Et qu'enfin je pourrais voir une paix sans gloire
Nous laisser aujourd'hui moins grands que notre histoire.
Je ne suis d'aucun banc, je n'ai point de drapeau,
J'obéis à mon cœur... Publiciste nouveau,
Je ne combattrai point en bataille rangée
Les flots tumultueux de la presse insurgée;
Mais des plus avancés repoussant les assauts,
Mon arc de tirailleur n'aura point de repos...
Je suis bien jeune... à peine ai-je compté cinq lustres :
Je ne puis, je le sais, porter des coups illustres.
N'importe, ô Liberté! les plus vite conscrits
Parmi les vétérans sont les plus vite inscrits;
N'importe, ô Liberté! quelle que soit ma faiblesse,
Me voici te vouant ma bouillante jeunesse :
De l'Anti-Némésis je t'offre le carquois,
Dont tous les traits seront pour l'ordre et pour les lois.

Le sujet de la prochaine *Anti-Némésis* sera :
AUX DÉPUTÉS, *ou* L'INTÉRIEUR ET L'EXTÉRIEUR.

BOUQUET
DU PARNASSE,

OU

MÉLANGE DE POÉSIES LÉGÈRES.

MADRIGAUX.

A JUNIE, ENTHOUSIASMÉE DE LA LECTURE DE LORD BYRON.

Moi, j'aime aussi la voix sauvage
Du chantre de la liberté,
Mais, s'il eût connu ta beauté,
Sa lyre eût chanté l'esclavage.

INSCRIPTION.

GRAVÉE SUR LE COLLIER DE MON CHIEN.

Charmant est un ami fidèle...
Amis ! dans l'amitié j'imite mon *Charmant*....
Charmant est un volage amant....
Belles ! dans ses amours il n'est plus mon modèle...

JUNIE !

Je ne puis, la voyant, m'empêcher de rougir....
Lorsqu'elle m'aperçoit, elle devient plus rose....
Amour ! rougissons-nous tous deux pour même cause ?
Oh ! ne me le dis pas ?... J'en mourrais de plaisir !...

IMPROMPTU

A JUNIE, QUI ME DISAIT QU'ELLE PRÉFÉRAIT LA ROSE AUX
AUTRES FLEURS.

Ce n'est qu'un amour fraternel,
Cet amour est fort naturel...
Je désirerais bien pourtant que vos semblables
Ne vous parussent pas les seuls objets aimables.

Autre à Junie,

EN JOUANT A COLIN-MAILLARD.

Quand je vois ce bandeau sur les yeux de Junie,
Je crois que l'aimable Cypris
Est dans son boudoir d'Idalie,
Et veut contrefaire son fils....

A LÉONICE ***.

QUI AVAIT CHANTÉ DANS UNE SOIRÉE UNE CHANSON DONT
LE REFRAIN EST : *Le Temps passé.*

Ce barbare que rien ne touche,
Ni la beauté ni les talens,
Ce vieillard au regard farouche,
Ce Dieu qu'on appelle le temps,
Je l'ai vu, belle Léonice,
Être sensible à vos genoux....
Lui-seul ne vous rend pas justice,
En devenant tendre pour vous....
Je l'ai vu, c'était la soirée,
Où dans la cour de Cythérée

Je crus qu'amour m'avait porté,
Ce soir où vous avez chanté
Cette romance où le temps passe....
Oh? que n'avais-je assez d'audace
Pour vous faire taire aussitôt,
Pour vous dire : « Changez ce mot :
» Arrêtez, jeune et belle grâce,
» Non, non, le temps ne passe pas,
» Léonice, il vient de suspendre
» Pour la première fois ses pas,
» Pour voir et pour vous entendre. »

IDYLLE MACÉDOINE,

DÉDIÉE A LA BIENFAISANCE.

Quand, sous le toit qui me protége,
Je vois, à travers mes carreaux,
Voltiger le givre et la neige,
Ou tomber la pluie à grands flots,
Un vague souci m'inquiète,
Quelque chose pèse à mon cœur,
Et je souhaite une retraite,
Un arbre au moins au voyageur.

ANTI-STROPHE.

« Que ma main glissant sur ma lyre
» N'en tire que de doux accens,
» Je te garderais tous mes chants,
» O mon unique inspiratrice !
» Bienfaisance, fille des dieux;
» Mais, si tu chéris le mystère,

» Ne crains rien, je saurai me taire,
» Et suivre tes illustres vœux. »

J'aime quand minuit et ses songes
Passent lentement parmi nous :
Les rêves sont parfois si doux!...
J'aime l'espoir et ses mensonges...
Il est si doux de se bâtir
Un avenir à sa manière,
De l'égayer, de l'embellir,
D'une parure imaginaire!...
J'aime à rattacher à l'ormeau
La vigne qui rampait à terre;
J'aime à relever l'arbrisseau
Presque abattu par la tempête...
Quand, flétrie et penchant la tête,
M'apparaît une jeune fleur,
J'aime à lui redonner la vie;
Et, lui versant une onde amie,
Je lui rends toute sa fraîcheur.

« Que ma main glissant sur ma lyre, etc.

Nautonniers, en vain les orages
Auront brisé tous vos agrès;
Privés de voiles, de cordages,
Sans rames, sans ancre, espérez!...
La mer a partout des rivages :
Espérez encore!... le sort
Peut-être est las de vous poursuivre,
Peut-être une lame va suivre,
Qui vous portera dans le port...

« Que ma main glissant sur ma lyre, etc.

Allez au bois, jeune bergère,
Je garderai votre troupeau ;
Le jour est brûlant, l'onde est claire,
Et les fleurs bordent le ruisseau :
Les saules au mobile ombrage
Vous garderont des feux du jour,
Et le sylvain brûlant d'amour
A travers cet épais feuillage
Ne pourra point vous découvrir...
Allez au bain, jeune Sélène,
J'irai vite vous avertir,
Si quelqu'un traversant la plaine
Se dirige vers votre bain...
Vous souriez d'un air malin...
Ah ! ne craignez rien, ô cruelle !
A vos rigueurs je suis fidèle :
Je n'avertirai pas en vain...

« Que ma main glissant sur ma lyre, etc.

Gestion de l'Anti-Némésis.

Cette entreprise littéraire n'est point pour l'auteur une spéculation d'argent. Les personnes qui verraient dans ce premier Numéro des chances d'avenir et de succès pour cette Publication hebdomadaire, peuvent s'adresser au bureau de *l'Anti-Némésis,* où on leur fera connaître les conditions avantageuses auxquelles le journal leur sera livré sous le rapport bénéficiaire.

PARIS. — IMPRIMERIE DE AUGUSTE AUFFRAY,
PASSAGE DU CAIRE, N. 54.